Rainer Maria Rilke

# Neue Gedichte
## Volume II

Rainer Maria Rilke

# Neue Gedichte
## Volume II

1. Auflage | ISBN: 978-3-73267-736-8

Erscheinungsort: Frankfurt am Main, Deutschland

Erscheinungsjahr: 2018

Outlook Verlag GmbH, Deutschland.

Reproduktion des Originals.

# NEUE GEDICHTE

Von

**RAINER MARIA RILKE**

LEIPZIG

IM INSEL-VERLAG

MCMXX

---

KARL UND ELISABETH VON DER HEYDT

IN FREUNDSCHAFT

---

Inhalt

---

FRÜHER APOLLO

Wie manches Mal durch das noch unbelaubte
Gezweig ein Morgen durchsieht, der schon ganz
im Frühling ist: so ist in seinem Haupte
nichts, was verhindern könnte, daß der Glanz

aller Gedichte uns fast tödlich träfe;
denn noch kein Schatten ist in seinem Schaun,
zu kühl für Lorbeer sind noch seine Schläfe,
und später erst wird aus den Augenbraun

hochstämmig sich der Rosengarten heben,

aus welchem Blätter, einzeln, ausgelöst
hintreiben werden auf des Mundes Beben,

der jetzt noch still ist, niegebraucht und blinkend
und nur mit seinem Lächeln etwas trinkend,
als würde ihm sein Singen eingeflößt.


MÄDCHENKLAGE


Diese Neigung, in den Jahren,
da wir alle Kinder waren,
viel allein zu sein, war mild;
andern ging die Zeit im Streite,
und man hatte seine Seite,
seine Nähe, seine Weite,
einen Weg, ein Tier, ein Bild.

Und ich dachte noch, das Leben
hörte niemals auf zu geben,
daß man sich in sich besinnt.
Bin ich in mir nicht im Größten?
Will mich meines nicht mehr trösten
und verstehen wie als Kind?

Plötzlich bin ich wie verstoßen,
und zu einem Übergroßen
wird mir diese Einsamkeit,
wenn, auf meiner Brüste Hügeln
stehend, mein Gefühl nach Flügeln
oder einem Ende schreit.


LIEBESLIED


Wie soll ich meine Seele halten, daß
sie nicht an deine rührt? Wie soll ich sie
hinheben über dich zu andern Dingen?
Ach gerne möcht ich sie bei irgendwas

Verlorenem im Dunkel unterbringen
an einer fremden stillen Stelle, die
nicht weiterschwingt, wenn deine Tiefen schwingen.
Doch alles, was uns anrührt, dich und mich,
nimmt uns zusammen wie ein Bogenstrich,
der aus zwei Saiten *eine* Stimme zieht.
Auf welches Instrument sind wir gespannt?
Und welcher Spieler hat uns in der Hand?
O süßes Lied.



ERANNA AN SAPPHO


O du wilde weite Werferin:
Wie ein Speer bei andern Dingen
lag ich bei den Meinen. Dein Erklingen
warf mich weit. Ich weiß nicht, wo ich bin.
Mich kann keiner wiederbringen.

Meine Schwestern denken mich und weben,
und das Haus ist voll vertrauter Schritte.
Ich allein bin fern und fortgegeben,
und ich zittere wie eine Bitte;
denn die schöne Göttin in der Mitte
ihrer Mythen glüht und lebt mein Leben.



SAPPHO AN ERANNA


Unruh will ich über dich bringen,
schwingen will ich dich, umrankter Stab.
Wie das Sterben will ich dich durchdringen
und dich weitergeben wie das Grab
an das Alles: allen diesen Dingen.

SAPPHO AN ALKAÏOS

FRAGMENT

Und was hättest du mir denn zu sagen,
und was gehst du meine Seele an,
wenn sich deine Augen niederschlagen
vor dem nahen Nichtgesagten? Mann,

sieh, uns hat das Sagen dieser Dinge
hingerissen und bis in den Ruhm.
Wenn ich denke: unter euch verginge
dürftig unser süßes Mädchentum,

welches wir, ich Wissende und jene
mit mir Wissenden, vom Gott bewacht,
trugen unberührt, daß Mytilene
wie ein Apfelgarten in der Nacht
duftete vom Wachsen unsrer Brüste—.

Ja, auch dieser Brüste, die du nicht
wähltest wie zu Fruchtgewinden, Freier
mit dem weggesenkten Angesicht.
Geh und laß mich, daß zu meiner Leier
komme, was du abhältst: alles steht.

Dieser Gott ist nicht der Beistand zweier,
aber wenn er durch den einen geht


GRABMAL EINES JUNGEN MÄDCHENS

Wir gedenkens noch. Das ist, als müßte
alles dieses einmal wieder sein.
Wie ein Baum an der Limonenküste
trugst du deine kleinen leichten Brüste

in das Rauschen seines Bluts hinein:

—jenes Gottes. Und es war der schlanke
Flüchtling, der Verwöhnende der Fraun.
Süß und glühend, warm wie dein Gedanke,
überschattend deine frühe Flanke
und geneigt wie deine Augenbraun.


OPFER


O wie blüht mein Leib aus jeder Ader
duftender, seitdem ich dich erkenn;
sieh, ich gehe schlanker und gerader,
und du wartest nur—: wer bist du denn?

Sieh: ich fühle, wie ich mich entferne,
wie ich Altes, Blatt um Blatt, verlier.
Nur dein Lächeln steht wie lauter Sterne
über dir und bald auch über mir.

Alles was durch meine Kinderjahre
namenlos noch und wie Wasser glänzt,
will ich nach dir nennen am Altäre,
der entzündet ist von deinem Haare
und mit deinen Brüsten leicht bekränzt.


ÖSTLICHES TAGLIED


Ist dieses Bette nicht wie eine Küste,
ein Küstenstreifen nur, darauf wir liegen?
Nichts ist gewiß als deine hohen Brüste,
die mein Gefühl in Schwindeln überstiegen.

Denn diese Nacht, in der so vieles schrie,
in der sich Tiere rufen und zerreißen,
ist sie uns nicht entsetzlich fremd? Und wie:
was draußen langsam anhebt, Tag geheißen,
ist das uns denn verständlicher als sie?

Man müßte so sich ineinanderlegen
wie Blütenblätter um die Staubgefäße:
so sehr ist überall das Ungemäße
und häuft sich an und stürzt sich uns entgegen.

Doch während wir uns aneinanderdrücken,
um nicht zu sehen, wie es ringsum naht,
kann es aus dir, kann es aus mir sich zücken:
denn unsre Seelen leben von Verrat.


ABISAG

I

Sie lag. Und ihre Kinderarme waren
von Dienern um den Welkenden gebunden,
auf dem sie lag die süßen langen Stunden,
ein wenig bang vor seinen vielen Jahren.

Und manchmal wandte sie in seinem Barte
ihr Angesicht, wenn eine Eule schrie;
und alles, was die Nacht war, kam und scharte
mit Bangen und Verlangen sich um sie.

Die Sterne zitterten wie ihresgleichen,
der Duft ging suchend durch das Schlafgemach,
der Vorhang rührte sich und gab ein Zeichen,
und leise ging ihr Blick dem Zeichen nach.

Aber sie hielt sich an dem dunkeln Alten,
und, von der Nacht der Nächte nicht erreicht,
lag sie auf seinem fürstlichen Erkalten

jungfräulich und wie eine Seele leicht.


II

Der König saß und sann den leeren Tag
getaner Taten, ungefühlter Lüste
und seiner Lieblingshündin, der er pflag—.
Aber am Abend wölbte Abisag
sich über ihm. Sein wirres Leben lag
verlassen wie verrufne Meeresküste
unter dem Sternbild ihrer stillen Brüste.

Und manchmal, als ein Kundiger der Frauen,
erkannte er durch seine Augenbrauen
den unbewegten, küsselosen Mund;
und sah: ihres Gefühles grüne Rute
neigte sich nicht herab zu seinem Grund.
Ihn fröstelte. Er horchte wie ein Hund
und suchte sich in seinem letzten Blute.


DAVID SINGT VOR SAUL


I

König, hörst du, wie mein Saitenspiel
Fernen wirft, durch die wir uns bewegen?
Sterne treiben uns verwirrt entgegen,
und wir fallen endlich wie ein Regen,
und es blüht, wo dieser Regen fiel.

Mädchen blühen, die du noch erkannt,
die jetzt Frauen sind und mich verführen;
den Geruch der Jungfrau kannst du spüren,
und die Knaben stehen, angespannt
schlank und atmend, an verschwiegnen Türen.

Daß mein Klang dir alles wiederbrächte.
Aber trunken taumelt mein Getön:
Deine Nächte, König, deine Nächte—,
und wie waren, die dein Schaffen schwächte,
o wie waren alle Leiber schön.

Dein Erinnern glaub ich zu begleiten,
weil ich ahne. Doch auf welchen Saiten
greif ich dir ihr dunkles Lustgestöhn?—


II

König, der du alles dieses hattest
und der du mit lauter Leben mich
überwältigest und überschattest:
komm aus deinem Throne und zerbrich
meine Harfe, die du so ermattest.

Sie ist wie ein abgenommner Baum:
durch die Zweige, die dir Frucht getragen,
schaut jetzt eine Tiefe wie von Tagen,
welche kommen—, und ich kenn sie kaum.

Laß mich nicht mehr bei der Harfe schlafen;
sich dir diese Knabenhand da an:
glaubst du, König, daß sie die Oktaven
eines Leibes noch nicht greifen kann?


III

König, birgst du dich in Finsternissen,
und ich hab dich doch in der Gewalt.
Sieh, mein festes Lied ist nicht gerissen,
und der Raum wird um uns beide kalt.
Mein verwaistes Herz und dein verworrnes
hängen in den Wolken deines Zornes,
wütend ineinander eingebissen
und zu einem einzigen verkrallt.

Fühlst du jetzt, wie wir uns umgestalten?
König, König, das Gewicht wird Geist.
Wenn wir uns nur aneinanderhalten,
du am Jungen, König, ich am Alten,
sind wir fast wie ein Gestirn, das kreist.


JOSUAS LANDTAG


So wie der Strom am Ausgang seine Dämme
durchbricht mit seiner Mündung Übermaß,
so brach nun durch die Ältesten der Stimme
zum letztenmal die Stimme Josuas.

Wie waren die geschlagen, welche lachten,
wie hielten alle Herz und Hände an,
als hübe sich der Lärm von dreißig Schlachten
in einem Mund; und dieser Mund begann.

Und wieder waren Tausende voll Staunen
wie an dem großen Tag vor Jericho,
nun aber waren in ihm die Posaunen,
und ihres Lebens Mauern schwankten so,

daß sie sich wälzten, von Entsetzen trächtig
und wehrlos schon und überwältigt, eh
sie's noch gedachten, wie er eigenmächtig
zu Gibeon die Sonne anschrie: Steh!

Und Gott ging hin, erschrocken wie ein Knecht,
und hielt die Sonne, bis ihm seine Hände
wehtaten, ob dem schlachtenden Geschlecht,
nur weil da einer wollte, daß sie stände.

Und das war dieser; dieser Alte wars,
von dem sie meinten, daß er nicht mehr gelte
inmitten seines hundertzehnten Jahrs.
Da stand er auf und brach in ihre Zelte.

Er ging wie Hagel nieder über Halmen.
Was wollt ihr Gott versprechen? Ungezählt
stehn um euch Götter, wartend, daß ihr wählt.
Doch wenn ihr wählt, wird euch der Herr zermalmen.

Und dann, mit einem Hochmut ohnegleichen:
Ich und mein Haus, wir bleiben ihm vermählt.

Da schrien sie alle: Hilf uns, gib ein Zeichen
und stärke uns zu unsrer schweren Wahl.

Aber sie sahn ihn, wie seit Jahren schweigend,
zu seiner festen Stadt am Berge steigend;
und dann nicht mehr. Es war das letzte Mal.


DER AUSZUG DES VERLORENEN SOHNES


NUN fortzugehn von alle dem Verworrnen,
das unser ist und uns doch nicht gehört,
das, wie das Wasser in den alten Bornen,
uns zitternd spiegelt und das Bild zerstört;
von allem diesen, das sich wie mit Dornen
noch einmal an uns anhängt—fortzugehn
und Das und Den,
die man schon nicht mehr sah
(so täglich waren sie und so gewöhnlich),
auf einmal anzuschauen: sanft, versöhnlich
und wie an einem Anfang und von nah
und ahnend einzusehn, wie unpersönlich,
wie über alle hin das Leid geschah,
von dem die Kindheit voll war bis zum Rand—:
Und dann doch fortzugehen, Hand aus Hand,
als ob man ein Geheiltes neu zerrisse,
und fortzugehn: wohin? Ins Ungewisse,
weit in ein unverwandtes warmes Land,
das hinter allem Handeln wie Kulisse
gleichgültig sein wird: Garten oder Wand;

und fortzugehn: warum? Aus Drang, aus Artung,
aus Ungeduld, aus dunkler Erwartung,
aus Unverständlichkeit und Unverstand:
Dies alles auf sich nehmen und vergebens
vielleicht Gehaltnes fallen lassen, um
allein zu sterben, wissend nicht warum—

Ist das der Eingang eines neuen Lebens?


DER ÖLBAUMGARTEN


Er ging hinauf unter dem grauen Laub
ganz grau und aufgelöst im ölgelände
und legte seine Stirne voller Staub
tief in das Staubigsein der heißen Hände.

Nach allem dies. Und dieses war der Schluß.
Jetzt soll ich gehen, während ich erblinde,
und warum willst Du, daß ich sagen muß,
Du seist, wenn ich Dich selber nicht mehr finde.

Ich finde Dich nicht mehr. Nicht in mir, nein.
Nicht in den andern. Nicht in diesem Stein.
Ich finde Dich nicht mehr. Ich bin allein.

Ich bin allein mit aller Menschen Gram,
den ich durch Dich zu lindern unternahm,
der Du nicht bist, ü namenlose Scham...

Später erzählte man: ein Engel kam—.

Warum ein Engel? Ach es kam die Nacht
und blätterte gleichgültig in den Bäumen.
Die Jünger rührten sich in ihren Träumen.
Warum ein Engel? Ach es kam die Nacht.

Die Nacht, die kam, war keine ungemeine;
so gehen hunderte vorbei.

Da schlafen Hunde, und da liegen Steine.
Ach eine traurige, ach irgendeine,
die wartet, bis es wieder Morgen sei.

Denn Engel kommen nicht zu solchen Betern,
und Nächte werden nicht um solche groß.
Die Sich-Verlierenden läßt alles los,
und sie sind preisgegeben von den Vätern
und ausgeschlossen aus der Mütter Schoß.


PIETÀ


So seh ich, Jesus, deine Füße wieder,
O die damals eines Jünglings Füße waren,
da ich sie bang entkleidete und wusch;
wie standen sie verwirrt in meinen Haaren
und wie ein weißes Wild im Dornenbusch.

So seh ich deine niegeliebten Glieder
zum erstenmal in dieser Liebesnacht.
Wir legten uns noch nie zusammen nieder,
und nun wird nur bewundert und gewacht.

Doch, siehe, deine Hände sind zerrissen—:
Geliebter, nicht von mir, von meinen Bissen.
Dein Herz steht offen, und man kann hinein:
das hätte dürfen nur mein Eingang sein.

Nun bist du müde, und dein müder Mund
hat keine Lust zu meinem wehen Munde—.
O Jesus, Jesus, wann war unsre Stunde?
Wie gehn wir beide wunderlich zugrund.


GESANG DER FRAUEN AN DEN DICHTER

Sieh, wie sich alles auftut: so sind wir;
denn wir sind nichts als solche Seligkeit.
Was Blut und Dunkel war in einem Tier,
das wuchs in uns zur Seele an und schreit

als Seele weiter. Und es schreit nach dir.
Du freilich nimmst es nur in dein Gesicht,
als sei es Landschaft: sanft und ohne Gier.
Und darum meinen wir, du bist es nicht,

nach dem es schreit. Und doch, bist du nicht der,
an den wir uns ganz ohne Rest verlören?
Und werden wir in irgendeinem *mehr*?

Mit uns geht das Unendliche *vorbei*.
Du aber sei, du Mund, daß wir es hören,
du aber, du Uns-Sagender: du sei.



DER TOD DES DICHTERS


Er lag. Sein aufgestelltes Antlitz war
bleich und verweigernd in den steilen Kissen,
seitdem die Welt und dieses von ihr Wissen,
von seinen Sinnen abgerissen,
zurückfiel an das teilnahmslose Jahr.

Die, so ihn leben sahen, wußten nicht,
wie sehr er *eines* war mit allem diesen,
denn dieses: diese Tiefen, diese Wiesen
und diese Wasser waren sein Gesicht.

O sein Gesicht war diese ganze Weite,
die jetzt noch zu ihm will und um ihn wirbt;
und seine Maske, die nun bang verstirbt,
ist zart und offen wie die Innenseite
von einer Frucht, die an der Luft verdirbt.

BUDDHA

Als ob er horchte. Stille: eine Ferne....
Wir halten ein und hören sie nicht mehr.
Und er ist Stern. Und andre große Sterne,
die wir nicht sehen, stehen um ihn her.

O er ist alles. Wirklich, warten wir,
daß er uns sähe? Sollte er bedürfen?
Und wenn wir hier uns vor ihm niederwürfen,
er bliebe tief und träge wie ein Tier.

Denn das, was uns zu seinen Füßen reißt,
das kreist in ihm seit Millionen Jahren.
Er, der vergißt, was wir erfahren,
und der erfahrt, was uns verweist.



L'ANGE DU MÉRIDIEN

CHARTRES


Im Sturm, der um die starke Kathedrale
wie ein Verneiner stürzt, der denkt und denkt,
fühlt man sich zärtlicher mit einem Male
von deinem Lächeln zu dir hingelenkt:

lächelnder Engel, fühlende Figur,
mit einem Mund, gemacht aus hundert Munden:
gewahrst du gar nicht, wie dir unsre Stunden
abgleiten von der vollen Sonnenuhr,

auf der des Tages ganze Zahl zugleich,
gleich wirklich, steht in tiefem Gleichgewichte,

als wären alle Stunden reif und reich?

Was weißt du, Steinerner, von unserm Sein?
und hältst du mit noch seligerm Gesichte
vielleicht die Tafel in die Nacht hinein?


DIE KATHEDRALE


In jenen kleinen Städten, wo herum
die alten Häuser wie ein Jahrmarkt hocken,
der sie bemerkt hat plötzlich und erschrocken
die Buden zumacht und ganz zu und stumm,

die Schreier still, die Trommeln angehalten,
zu ihr hinaufhorcht aufgeregten Ohrs—:
dieweil sie ruhig immer in dem alten
Faltenmantel ihrer Contreforts
dasteht und von den Häusern gar nicht weiß:

in jenen kleinen Städten kannst du sehn,
wie sehr entwachsen ihrem Umgangskreis
die Kathedralen waren. Ihr Erstehn
ging über alles fort, so wie den Blick
des eignen Lebens viel zu große Nähe
fortwährend übersteigt und als geschähe
nichts anderes; als wäre *das* Geschick,
was sich in ihnen aufhäuft ohne Maßen,
versteinert und zum Dauernden bestimmt,
nicht *das*, was unten in den dunkeln Straßen
vom Zufall irgendwelche Namen nimmt
und darin geht, wie Kinder Grün und Rot
und was der Krämer hat als Schürze tragen.
Da war Geburt in diesen Unterlagen,
und Kraft und Andrang war in diesem Ragen
und Liebe überall wie Wein und Brot,
und die Portale voller Liebesklagen.
Das Leben zögerte Im Stundenschlagen,
und in den Türmen, welche voll Entsagen

auf einmal nicht mehr stiegen, war der Tod.


DAS PORTAL


I

Da blieben sie, als wäre jene Flut
zurückgetreten, deren großes Branden
an diesen Steinen wusch, bis sie entstanden;
sie nahm im Fallen manches Attribut

aus ihren Händen, welche viel zu gut
und gebend sind, um etwas festzuhalten.
Sie blieben, von den Formen in Basalten
durch einen Nimbus, einen Bischofshut,

bisweilen durch ein Lächeln unterschieden,
für das ein Antlitz seiner Stunden Frieden
bewahrt hat als ein stilles Zifferblatt;

jetzt fortgerückt ins Leere ihres Tores,
waren sie einst die Muschel eines Ohres
und fingen jedes Stöhnen dieser Stadt.


II

Sehr viele Weite ist gemeint damit:
so wie mit den Kulissen einer Szene
die Welt gemeint ist; und so wie durch jene
der Held im Mantel seiner Handlung tritt:—
so tritt das Dunkel dieses Tores handelnd
auf seiner Tiefe tragisches Theater,
so grenzenlos und wallend wie Gott-Vater
und so wie Er sich wunderlich verwandelnd

in einen Sohn, der aufgeteilt ist hier

auf viele kleine beinah stumme Rollen,
genommen aus des Elends Zubehör.

Denn nur noch so entsteht (das wissen wir)
aus Blinden, Fortgeworfenen und Tollen
der Heiland wie ein einziger Akteur.


III

So ragen sie, die Herzen angehalten
(sie stehn auf Ewigkeit und gingen nie);
nur selten tritt aus dem Gefäll der Falten
eine Gebärde, aufrecht, steil wie sie,

und bleibt nach einem halben Schritte stehn,
wo die Jahrhunderte sie überholen.
Sie sind im Gleichgewicht auf den Konsolen,
in denen eine Welt, die sie nicht sehn,

die Welt der Wirrnis, die sie nicht zertraten,
Figur und Tier, wie um sie zu gefährden,
sich krümmt und schüttelt und sie dennoch hält:
weil die Gestalten dort wie Akrobaten
sich nur so zuckend und so wild gebärden,
damit der Stab auf ihrer Stirn nicht fällt.


DIE FENSTERROSE


Da drin: das träge Treten ihrer Tatzen
macht eine Stille, die dich fast verwirrt;
und wie dann plötzlich eine von den Katzen
den Blick an ihr, der hin und wieder irrt,

gewaltsam in ihr großes Auge nimmt,—
den Blick, der wie von eines Wirbels Kreis
ergriffen, eine kleine Weile schwimmt

und dann versinkt und nichts mehr von sich weiß,

wenn dieses Auge, welches scheinbar ruht,
sich au auftut und zusammenschlägt mit Tosen
und ihn hineinreißt bis ins rote Blut—:

so griffen einstmals aus dem Dunkelsein
der Kathedralen große Fensterrosen
ein Herz und rissen es in Gott hinein.


DAS KAPITÄL


Wie sich aus eines Traumes Ausgeburten
aufsteigend aus verwirrendem Gequäl
der nächste Tag erhebt,—so gehn die Gurten
der Wölbung aus dem wirren Kapitäl

und lassen drin, gedrängt und rätselhaft
verschlungen, flügelschlagende Geschöpfe:
ihr Zögern und das Plötzliche der Köpfe
und jene starken Blätter, deren Saft

wie Jähzorn steigt, sich schließlich überschlagend
in einer schnellen Geste, die sich ballt
und sich heraushält: alles aufwärtsjagend,

was immer wieder mit dem Dunkelkalt
herunterfällt, wie Regen Sorge tragend
für dieses alten Wachstums Unterhalt.


GOTT IM MITTELALTER


Und sie hatten ihn in sich erspart,
und sie wollten, daß er sei und richte,

und sie hängten schließlich wie Gewichte
(zu verhindern seine Himmelfahrt)

an ihn ihrer großen Kathedralen
Last und Masse. Und er sollte nur
über seine grenzenlosen Zahlen
zeigend kreisen und wie eine Uhr

Zeichen geben ihrem Tun und Tagwerk.
Aber plötzlich kam er ganz in Gang,
und die Leute der entsetzten Stadt

ließen ihn, vor seiner Stimme bang,
weitergehn mit ausgehängtem Schlagwerk
und entflohn vor seinem Zifferblatt.


MORGUE


Da liegen sie bereit, als ob es gälte,
nachträglich eine Handlung zu erfinden,
die miteinander und mit dieser Kälte
sie zu versöhnen weiß und zu verbinden;

denn das ist alles noch wie ohne Schluß.
Was für ein Name hätte in den Taschen
sich finden sollen? An dem Überdruß
um ihren Mund hat man herumgewaschen;

er ging nicht ab; er wurde nur ganz rein.
Die Bärte stehen, noch ein wenig härter,
doch ordentlicher im Geschmack der Wärter,

nur um die Gaffenden nicht anzuwidern.
Die Augen haben hinter ihren Lidern
sich umgewandt und schauen jetzt hinein.

DER GEFANGENE

I

Meine Hand hat nur noch eine
Gebärde, mit der sie verscheucht;
auf die alten Steine
fällt es aus Felsen feucht.

Ich höre nur dieses Klopfen,
und mein Herz hält Schritt
mit dem Gehen der Tropfen
und vergeht damit.

Tropften sie doch schneller,
käme doch wieder ein Tier.
Irgendwo war es heller—.
Aber was wissen wir.


II

Denk dir, das was jetzt Himmel ist und Wind,
Luft deinem Mund und deinem Auge Helle,
das würde Stein bis um die kleine Stelle,
an der dein Herz und deine Hände sind.

Und was jetzt in dir morgen heißt und: dann
und: späterhin und nächstes Jahr und weiter—
das würde wund in dir und voller Eiter
und schwäre nur und bräche nicht mehr an.

Und das was war, das wäre irre und
raste in dir herum, den lieben Mund,
der niemals lachte, schäumend von Gelächter.

Und das was Gott war, wäre nur dein Wächter
und stopfte boshaft in das letzte Loch
ein schmutziges Auge. Und du lebtest doch.

DER PANTHER

IM JARDIN DES PLANTES, PARIS

Sein Blick ist vom Vorübergehn der Stäbe
so müd geworden, daß er nichts mehr hält.
Ihm ist, als ob es tausend Stäbe gäbe
und hinter tausend Stäben keine Welt.

Der weiche Gang geschmeidig starker Schritte,
der sich im allerkleinsten Kreise dreht,
ist wie ein Tanz von Kraft um eine Mitte,
in der betäubt ein großer Wille steht.

Nur manchmal schiebt der Vorhang der Pupille
sich lautlos auf—. Dann geht ein Bild hinein,
geht durch der Glieder angespannte Stille—
und hört im Herzen auf zu sein.


DIE GAZELLE

ANTILOPE DORCAS

Verzauberte: wie kann der Einklang zweier
erwählter Worte je den Reim erreichen,
der in dir kommt und geht, wie auf ein Zeichen.
Aus deiner Stirne steigen Laub und Leier,

und alles Deine geht schon im Vergleich
durch Liebeslieder, deren Worte, weich
wie Rosenblätter, dem, der nicht mehr liest,
sich auf die Augen legen, die er schließt,

um dich zu sehen: hingetragen, als
wäre mit Sprüngen jeder Lauf geladen
und schösse nur nicht ab, solang der Hals

das Haupt ins Horchen hält: wie wenn beim Baden
im Wald die Badende sich unterbricht,
den Waldsee im gewendeten Gesicht.


DAS EINHORN

Der Heilige hob das Haupt, und das Gebet
fiel wie ein Helm zurück von seinem Haupte:
denn lautlos nahte sich das niegeglaubte,
das weiße Tier, das wie eine geraubte
hilflose Hindin mit den Augen fleht.

Der Beine elfenbeinernes Gestell
bewegte sich in leichten Gleichgewichten,
ein weißer Glanz glitt selig durch das Fell,
und auf der Tierstirn, auf der stillen, lichten,
stand, wie ein Turm im Mond, das Horn so hell,
und jeder Schritt geschah, es aufzurichten.

Das Maul mit seinem rosagrauen Flaum
war leicht gerafft, so daß ein wenig Weiß
(weißer als alles) von den Zähnen glänzte;
die Nüstern nahmen auf und lechzten leis.
Doch seine Blicke, die kein Ding begrenzte,
warfen sich Bilder in den Raum
und schlössen einen blauen Sagenkreis.


SANKT SEBASTIAN

Wie ein Liegender so steht er; ganz

hingehalten von dem großen Willen.
Weit entrückt wie Mütter, wenn sie stillen,
und in sich gebunden wie ein Kranz.

Und die Pfeile kommen: jetzt und jetzt
und als sprängen sie aus seinen Lenden,
eisern bebend mit den freien Enden.
Doch er lächelt dunkel, unverletzt.

Einmal nur wird eine Trauer groß,
und die Augen liegen schmerzlich bloß,
bis sie etwas leugnen, wie Geringes,
und als ließen sie verächtlich los
die Vernichter eines schönen Dinges.


DER STIFTER


Das war der Auftrag an die Malergilde.
Vielleicht daß ihm der Heiland nie erschien;
vielleicht trat auch kein heiliger Bischof milde
an seine Seite wie in diesem Bilde
und legte leise seine Hand auf ihn.

Vielleicht war dieses alles: so zu knien
(so wie es alles ist, was wir erfuhren):
zu knien: daß man die eigenen Konturen,
die auswärtswollenden, ganz angespannt
im Herzen hält, wie Pferde in der Hand.

Daß, wenn ein Ungeheueres geschähe,
das nicht versprochen ist und nieverbrieft,
wir hoffen könnten, daß es uns nicht sähe
und näher käme, ganz in unsre Nähe,
mit sich beschäftigt und in sich vertieft.

DER ENGEL

Mit einem Neigen seiner Stirne weist
er weit von sich, was einschränkt und verpflichtet;
denn durch sein Herz geht riesig aufgerichtet
das ewig Kommende, das kreist.

Die tiefen Himmel stehn ihm voll Gestalten,
und jede kann ihm rufen: komm, erkenn—.
Gib seinen leichten Händen nichts zu halten
aus deinem Lastenden. Sie kämen denn

bei Nacht zu dir, dich ringender zu prüfen,
und gingen wie Erzürnte durch das Haus
und griffen dich, als ob sie dich erschüfen,
und brächen dich aus deiner Form heraus.


RÖMISCHE SARKOPHAGE

Was aber hindert uns zu glauben, daß
(so wie wir hingestellt sind und verteilt)
nicht eine kleine Zeit nur Drang und Haß
und dies Verwirrende in uns verweilt,

wie einst in dem verzierten Sarkophag
bei Ringen, Götterbildern, Gläsern, Bändern,
in langsam sich verzehrenden Gewändern
ein langsam Aufgelöstes lag—

bis es die unbekannten Munde schluckten,
die niemals reden. (Wo besteht und denkt
ein Hirn, um ihrer einst sich zu bedienen?)

Da wurde von den alten Aquädukten
ewiges Wasser in sie eingelenkt—:
das spiegelt jetzt und geht und glänzt in ihnen.

DER SCHWAN

Diese Mühsal, durch noch Ungetanes
schwer und wie gebunden hinzugehn,
gleicht dem ungeschaffnen Gang des Schwanes.

Und das Sterben, dieses Nichtmehrfassen
jenes Grunds, auf dem wir täglich stehn,
seinem ängstlichen Sich-Niederlassen—:

in die Wasser, die ihn sanft empfangen
und die sich, wie glücklich und vergangen,
unter ihm zurückziehn, Flut um Flut;
während er unendlich still und sicher
immer mündiger und königlicher
und gelassener zu ziehn geruht.


KINDHEIT

Es wäre gut viel nachzudenken, um
von so Verlornem etwas auszusagen,
von jenen langen Kindheit-Nachmittagen,
die so nie wiederkamen—und warum?

Noch mahnt es uns—: vielleicht in einem Regnen,
aber wir wissen nicht mehr, was das soll;
nie wieder war das Leben von Begegnen,
von Wiedersehn und Weitergehn so voll

wie damals, da uns nichts geschah als nur,
was einem Ding geschieht und einem Tiere:
da lebten wir, wie Menschliches, das Ihre
und wurden bis zum Rande voll Figur.

Und wurden so vereinsamt wie ein Hirt
und so mit großen Fernen überladen
und wie von weit berufen und berührt
und langsam wie ein langer neuer Faden
in jene Bilderfolgen eingeführt,
in welchen nun zu dauern uns verwirrt.


DER DICHTER


Du entfernst dich von mir, du Stunde.
Wunden schlägt mir dein Flügelschlag.
Allein: was soll ich mit meinem Munde?
mit meiner Nacht? mit meinem Tag?

Ich habe keine Geliebte, kein Haus,
keine Stelle, auf der ich lebe.
Alle Dinge, an die ich mich gebe,
werden reich und geben mich aus.


DIE SPITZE


I

Menschlichkeit: Namen schwankender Besitze,
noch unbestätigter Bestand von Glück:
ist das unmenschlich, daß zu dieser Spitze,
zu diesem kleinen dichten Spitzenstück
zwei Augen wurden?—Willst du sie zurück?

Du Langvergangene und schließlich Blinde,
ist deine Seligkeit in diesem Ding,
zu welcher hin, wie zwischen Stamm und Rinde,
dein großes Fühlen, kleinverwandelt, ging?

Durch einen Riß im Schicksal, eine Lücke
entzogst du deine Seele deiner Zeit;
und sie ist so in diesem lichten Stücke,
daß es mich lächeln macht vor Nützlichkeit.


II

Und wenn uns eines Tages dieses Tun
und was an uns geschieht geringerschiene
und uns so fremd, als ob es nicht verdiene,
daß wir so mühsam aus den Kinderschuhn
um seinetwillen wachsen—: Ob die Bahn
vergilbter Spitze, diese dichtgefügte
blumige Spitzenbahn, dann nicht genügte,
uns hier zu halten? Sieh: sie ward getan.

Ein Leben ward vielleicht verschmäht, wer weiß?
Ein Glück war da und wurde hingegeben,
und endlich wurde doch, um jeden Preis,
dies Ding daraus, nicht leichter als das Leben
und doch vollendet und so schön, als sei's
nicht mehr zu früh, zu lächeln und zu schweben.


EIN FRAUENSCHICKSAL


So wie der König auf der Jagd ein Glas
ergreift, daraus zu trinken, irgendeines,—
und wie hernach der, welcher es besaß,
es fortstellt und verwahrt, als wär es keines:

so hob vielleicht das Schicksal, durstig auch,
bisweilen Eine an den Mund und trank,
die dann ein kleines Leben, viel zu bang
sie zu zerbrechen, abseits vom Gebrauch

hinstellte in die ängstliche Vitrine,

in welcher seine Kostbarkeiten sind
(oder die Dinge, die für kostbar gelten).

Da stand sie fremd wie eine Fortgeliehne
und wurde einfach alt und wurde blind
und war nicht kostbar und war niemals selten.


## DIE GENESENDE

Wie ein Singen kommt und geht in Gassen
und sich nähert und sich wieder scheut,
flügelschlagend, manchmal fast zu fassen
und dann wieder weit hinausgestreut:

spielt mit der Genesenden das Leben;
während sie, geschwächt und ausgeruht,
unbeholfen, um sich hinzugeben,
eine ungewohnte Geste tut.

Und sie fühlt sich beinah wie Verführung,
wenn die hartgewordne Hand, darin
Fieber waren voller Widersinn,
fernher, wie mit blühender Berührung,
zu liebkosen kommt ihr hartes Kinn.


## DIE ERWACHSENE

Das alles stand auf ihr und war die Welt
und stand auf ihr mit allem, Angst und Gnade,
wie Bäume stehen, wachsend und gerade,
ganz Bild und bildlos wie die Bundeslade
und feierlich, wie auf ein Volk gestellt.

Und sie ertrug es; trug bis obenhin

das Fliegende, Entfliehende, Entfernte,
das Ungeheuere, noch Unerlernte
gelassen wie die Wasserträgerin
den vollen Krug. Bis mitten unterm Spiel,
verwandelnd und auf andres vorbereitend,
der erste weiße Schleier, leise gleitend,
über das aufgetane Antlitz fiel

fast undurchsichtig und sich nie mehr hebend
und irgendwie auf alle Fragen ihr
nur eine Antwort vage wiedergebend:
In dir, du Kindgewesene, in dir.


TANAGRA


Ein wenig gebrannter Erde,
wie von großer Sonne gebrannt.
Als wäre die Gebärde
einer Mädchenhand
auf einmal nicht mehr vergangen;
ohne nach etwas zu langen,
zu keinem Dinge hin
aus ihrem Gefühle führend,
nur an sich selber rührend
wie eine Hand ans Kinn.

Wir heben und wir drehen
eine und eine Figur;
wir können fast verstehen,
weshalb sie nicht vergehen,—
aber wir sollen nur
tiefer und wunderbarer
hängen an dem, was war,
und lächeln: ein wenig klarer
vielleicht als vor einem Jahr.

DIE ERBLINDENDE

Sie saß so wie die anderen beim Tee.
Mir war zuerst, als ob sie ihre Tasse
ein wenig anders als die andern fasse.
Sie lächelte einmal. Es tat fast weh.

Und als man schließlich sich erhob und sprach
und langsam und wie es der Zufall brachte
durch viele Zimmer ging (man sprach und lachte),
da sah ich sie. Sie ging den andern nach,

verhalten, so wie eine, welche gleich
wird singen müssen und vor vielen Leuten;
auf ihren hellen Augen, die sich freuten,
war Licht von außen wie auf einem Teich.

Sie folgte langsam, und sie brauchte lang,
als wäre etwas noch nicht überstiegen;
und doch: als ob, nach einem Übergang,
sie nicht mehr gehen würde, sondern fliegen.


IN EINEM FREMDEN PARK

BORGEBY-GÅRD


Zwei Wege sinds. Sie führen keinen hin.
Doch manchmal, in Gedanken, läßt der eine
dich weitergehn. Es ist, als gingst du fehl;
aber auf einmal bist du im Rondel
alleingelassen wieder mit dem Steine
und wieder auf ihm lesend: Freiherrin
Brite Sophie—und wieder mit dem Finger
abfühlend die zerfallne Jahreszahl—.
Warum wird dieses Finden nicht geringer?

Was zögerst du ganz wie zum erstenmal
erwartungsvoll auf diesem Ulmenplatz,
der feucht und dunkel ist und niebetreten?

Und was verlockt dich für ein Gegensatz,
etwas zu suchen in den sonnigen Beeten,
als wärs der Name eines Rosenstocks?

Was stehst du oft? Was hören deine Ohren?
Und warum siehst du schließlich, wie verloren,
die Falter flimmern um den hohen Phlox?


ABSCHIED


Wie hab ich das gefühlt, was Abschied heißt.
Wie weiß ichs noch: ein dunkles unverwundnes
grausames Etwas, das ein Schönverbundnes
noch einmal zeigt und hinhält und zerreißt.

Wie war ich ohne Wehr, dem zuzuschauen,
das, da es mich, mich rufend, gehen ließ,
zurückblieb, so als wärens alle Frauen
und dennoch klein und weiß und nichts als dies:

Ein Winken, schon nicht mehr auf mich bezogen,
ein leise Weiterwinkendes—, schon kaum
erklärbar mehr: vielleicht ein Pflaumenbaum,
von dem ein Kuckuck hastig abgeflogen.


TODESERFAHRUNG


Wir wissen nichts von diesem Hingehn, das
nicht mit uns teilt. Wir haben keinen Grund,
Bewunderung und Liebe oder Haß

dem Tod zu zeigen, den ein Maskenmund

tragischer Klage wunderlich entstellt.
Noch ist die Welt voll Rollen, die wir spielen.
Solang wir sorgen, ob wir auch gefielen,
spielt auch der Tod, obwohl er nicht gefällt.

Doch als du gingst, da brach in diese Bühne
ein Streifen Wirklichkeit durch jenen Spalt,
durch den du hingingst: Grün wirklicher Grüne,
wirklicher Sonnenschein, wirklicher Wald.

Wir spielen weiter. Bang und schwer Erlerntes
hersagend und Gebärden dann und wann
aufhebend; aber dein von uns entferntes,
aus unserm Stück entrücktes Dasein kann

uns manchmal überkommen, wie ein Wissen
von jener Wirklichkeit sich niedersenkend,
so daß wir eine Weile hingerissen
das Leben spielen, nicht an Beifall denkend.


BLAUE HORTENSIE


So wie das letzte Grün in Farbentiegeln
sind diese Blätter, trocken, stumpf und rauh,
hinter den Blütendolden, die ein Blau
nicht auf sich tragen, nur von ferne spiegeln.

Sie spiegeln es verweint und ungenau,
als wollten sie es wiederum verlieren,
und wie in alten blauen Briefpapieren
ist Gelb in ihnen, Violett und Grau;

Verwaschnes wie an einer Kinderschürze,
Nichtmehrgetragnes, dem nichts mehr geschieht:
wie fühlt man eines kleinen Lebens Kürze.

Doch plötzlich scheint das Blau sich zu verneuen
in einer von den Dolden, und man sieht
ein rührend Blaues sich vor Grünem freuen.


VOR DEM SOMMERREGEN

Auf einmal ist aus allem Grün im Park
man weiß nicht was, ein Etwas, fortgenommen;
man fühlt ihn näher an die Fenster kommen
und schweigsam sein. Inständig nur und stark

ertönt aus dem Gehölz der Regenpfeifer,
man denkt an einen Hieronymus:
so sehr steigt irgend Einsamkeit und Eifer
aus dieser einen Stimme, die der Guß

erhören wird. Des Saales Wände sind
mit ihren Bildern von uns fortgetreten,
als dürften sie nicht hören, was wir sagen.

Es spiegeln die verblichenen Tapeten
das ungewisse Licht von Nachmittagen,
in denen man sich fürchtete als Kind.


IM SAAL

Wie sind sie alle um uns, diese Herrn
in Kammerherrentrachten und Jabots,
wie eine Nacht um ihren Ordensstern
sich immer mehr verdunkelnd, rücksichtslos,
und diese Damen, zart, fragile, doch groß
von ihren Kleidern, eine Hand im Schoß,
klein wie ein Halsband für den Bologneser;

wie sind sie da um jeden: um den Leser,
um den Betrachter dieser Bibelots,
darunter manches ihnen noch gehört.

Sie lassen, voller Takt, uns ungestört
das Leben leben, wie wir es begreifen
und wie sie's nicht verstehn. Sie wollten blühn,
und blühn ist schön sein; doch wir wollen reifen,
und das heißt dunkel sein und sich bemühn.


LETZTER ABEND

(AUS DEM BESITZE FRAU NONNAS)

Und Nacht und fernes Fahren; denn der Train
des ganzen Heeres zog am Park vorüber.
Er aber hob den Blick vom Clavecin
und spielte noch und sah zu ihr hinüber

beinah, wie man in einen Spiegel schaut:
so sehr erfüllt von seinen jungen Zügen
und wissend, wie sie seine Trauer trügen,
schön und verführender bei jedem Laut.

Doch plötzlich wars, als ob sich das verwische:
sie stand wie mühsam in der Fensternische
und hielt des Herzens drängendes Geklopf.

Sein Spiel gab nach. Von draußen wehte Frische.
Und seltsam fremd stand auf dem Spiegeltische
der schwarze Tschako mit dem Totenkopf.


JUGENDBILDNIS MEINES VATERS

Im Auge Traum. Die Stirn wie in Berührung
mit etwas Fernem. Um den Mund enorm
viel Jugend, ungelächelte Verführung,
und vor der vollen schmückenden Verschnürung
der schlanken adeligen Uniform
der Säbelkorb und beide Hände—, die
abwarten, ruhig, zu nichts hingedrängt.
Und nun fast nicht mehr sichtbar: als ob sie
zuerst, die Fernes greifenden, verschwänden.
Und alles andre mit sich selbst verhängt
und ausgelöscht, als ob wirs nicht verständen,
und tief aus seiner eignen Tiefe trüb—.

Du schnell vergehendes Daguerreotyp
in meinen langsamer vergehenden Händen.


SELBSTBILDNIS AUS DEM JAHRE 1906

Des alten lange adligen Geschlechtes
Feststehendes im Augenbogenbau.
Im Blicke noch der Kindheit Angst und Blau
und Demut da und dort, nicht eines Knechtes,
doch eines Dienenden und einer Frau.
Der Mund als Mund gemacht, groß und genau,
nicht überredend, aber ein Gerechtes
Aussagendes. Die Stirne ohne Schlechtes
und gern im Schatten stiller Niederschau.

Das, als Zusammenhang, erst nur geahnt;
noch nie im Leiden oder im Gelingen
zusammgefaßt zu dauerndem Durchdringen,
doch so, als wäre mit zerstreuten Dingen
von fern ein Ernstes, Wirkliches geplant.


DER KÖNIG

Der König ist sechzehn Jahre alt.
Sechzehn Jahre und schon der Staat.
Er schaut, wie aus einem Hinterhalt,
vorbei an den Greisen vom Rat

in den Saal hinein und irgendwohin
und fühlt vielleicht nur dies:
an dem schmalen langen harten Kinn
die kalte Kette vom Vlies.

Das Todesurteil vor ihm bleibt
lang ohne Namenszug.
Und sie denken: wie er sich quält.

Sie wüßten, kennten sie ihn genug,
daß er nur langsam bis siebzig zählt,
eh er es unterschreibt.


AUFERSTEHUNG


Der Graf vernimmt die Töne,
er sieht einen lichten Riß;
er weckt seine dreizehn Söhne
im Erbbegräbnis.

Er grüßt seine beiden Frauen
ehrerbietig von weit—;
und alle voll Vertrauen
stehn auf zur Ewigkeit

und warten nur noch auf Erich
und Ulriken Dorotheen,
die sieben- und dreizehnjährig
    (sechzehnhundertzehn)
verstorben sind in Flandern,
um heute vor den andern

unbeirrt herzugehn.


DER FAHNENTRÄGER

Die andern fühlen alles an sich rauh
und ohne Anteil: Eisen, Zeug und Leder.
Zwar manchmal schmeichelt eine weiche Feder,
doch sehr allein und lieblos ist ein jeder;
er aber trägt—als trüg er eine Frau—
die Fahne in dem feierlichen Kleide.
Dicht hinter ihm geht ihre schwere Seide,
die manchmal über seine Hände fließt.

Er kann allein, wenn er die Augen schließt,
ein Lächeln sehn: er darf sie nicht verlassen.

Und wenn es kommt in blitzenden Kürassen
und nach ihr greift und ringt und will sie fassen—:

dann darf er sie abreißen von dem Stocke,
als riß er sie aus ihrem Mädchentum,
um sie zu halten unterm Waffenrocke.

Und für die andern ist das Mut und Ruhm.



DER LETZTE GRAF VON BREDERODE
ENTZIEHT SICH TÜRKISCHER
GEFANGENSCHAFT

Sie folgten furchtbar; ihren bunten Tod
von ferne nach ihm werfend, während er
verloren floh, nichts weiter als: bedroht.
Die Ferne seiner Väter schien nicht mehr

für ihn zu gelten; denn um so zu fliehn,
genügt ein Tier vor Jägern. Bis der Fluß
aufrauschte nah und blitzend. Ein Entschluß
hob ihn samt seiner Not und machte ihn

wieder zum Knaben fürstlichen Geblütes.
Ein Lächeln adeliger Frauen goß
noch einmal Süßigkeit in sein verfrühtes

vollendetes Gesicht. Er zwang sein Roß,
groß wie sein Herz zu gehn, sein blutdurchglühte:
es trug ihn in den Strom wie in sein Schloß.


DIE KURTISANE


Venedigs Sonne wird in meinem Haar
ein Gold bereiten: aller Alchemie
erlauchten Ausgang. Meine Brauen, die
den Brücken gleichen, siehst du sie

hinführen ob der lautlosen Gefahr
der Augen, die ein heimlicher Verkehr
an die Kanäle schließt, so daß das Meer
in ihnen steigt und fällt und wechselt. Wer

mich einmal sah, beneidet meinen Hund,
weil sich auf ihm oft in zerstreuter Pause
die Hand, die nie an keiner Glut verkohlt,

die unverwundbare, geschmückt, erholt—.
Und Knaben, Hoffnungen aus altem Hause,
gehn wie an Gift an meinem Mund zugrund.


DIE TREPPE DER ORANGERIE

VERSAILLES

Wie Könige, die schließlich nur noch schreiten
fast ohne Ziel, nur um von Zeit zu Zeit
sich den Verneigenden auf beiden Seiten
zu zeigen in des Mantels Einsamkeit—:

so steigt, allein zwischen den Balustraden,
die sich verneigen schon seit Anbeginn,
die Treppe: langsam und von Gottes Gnaden
und auf den Himmel zu und nirgends hin;

als ob sie allen Folgenden befahl
zurückzubleiben,—so daß sie nicht wagen,
von ferne nachzugehen; nicht einmal
die schwere Schleppe durfte einer tragen.


DER MARMORKARREN

PARIS


Auf Pferde, sieben ziehende, verteilt,
verwandelt Niebewegtes sich in Schritte;
denn was hochmütig in des Marmors Mitte
an Alter, Widerstand und All verweilt,

das zeigt sich unter Menschen. Siehe, nicht
unkenntlich, unter irgendeinem Namen,
nein: wie der Held das Drängen in den Dramen
erst sichtbar macht und plötzlich unterbricht:

so kommt es durch den stauenden Verlauf
des Tages, kommt in seinem ganzen Staate,
als ob ein großer Triumphator nahte,

langsam zuletzt; und langsam vor ihm her
Gefangene, von seiner Schwere schwer.

Und naht noch immer und hält alles auf.


BUDDHA

Schon von ferne fühlt der fremde scheue
Pilger, wie es golden von ihm träuft;
so als hätten Reiche voller Reue
ihre Heimlichkeiten aufgehäuft.

Aber näher kommend wird er irre
vor der Hoheit dieser Augenbraun:
denn das sind nicht ihre Trinkgeschirre
und die Ohrgehänge ihrer Fraun.

Wüßte einer denn zu sagen, welche
Dinge eingeschmolzen wurden, um
dieses Bild auf diesem Blumenkelche

aufzurichten: stummer, ruhiggelber
als ein goldenes und rundherum
auch den Raum berührend wie sich selber.


RÖMISCHE FONTÄNE

BORGHESE

Zwei Becken, eins das andre übersteigend
aus einem alten runden Marmorrand,
und aus dem oberen Wasser leis sich neigend
zum Wasser, welches unten wartend stand,

dem leise redenden entgegenschweigend
und heimlich, gleichsam in der hohlen Hand
ihm Himmel hinter Grün und Dunkel zeigend

wie einen unbekannten Gegenstand;

sich selber ruhig in der schönen Schale
verbreitend ohne Heimweh, Kreis aus Kreis,
nur manchmal träumerisch und tropfenweis

sich niederlassend an den Moosbehängen
zum letzten Spiegel, der sein Hecken leis
von unten lächeln macht mit Obergängen.


DAS KARUSSELL

JARDIN DU LUXEMBOURG


Mit einem Dach und seinem Schatten dreht
sich eine kleine Weile der Bestand
von bunten Pferden, alle aus dem Land,
das lange zögert, eh es untergeht.
Zwar manche sind an Wagen angespannt,
doch alle haben Mut in ihren Mienen;
ein böser roter Löwe geht mit ihnen
und dann und wann ein weißer Elefant.

Sogar ein Hirsch ist da ganz wie im Wald,
nur daß er einen Sattel trägt und drüber
ein kleines blaues Mädchen aufgeschnallt.

Und auf dem Löwen reitet weiß ein Junge
und hält sich mit der kleinen heißen Hand,
dieweil der Löwe Zähne zeigt und Zunge.

Und dann und wann ein weißer Elefant.

Und auf den Pferden kommen sie vorüber,
auch Mädchen, helle, diesem Pferdesprunge
fast schon entwachsen; mitten in dem Schwunge
schauen sie auf, irgendwohin, herüber—

Und dann und wann ein weißer Elefant.

Und das geht hin und eilt sich, daß es endet,
und kreist und dreht sich nur und hat kein Ziel.
Ein Rot, ein Grün, ein Grau vorbeigesendet,
ein kleines kaum begonnenes Profil.
Und manchesmal ein Lächeln, hergewendet,
ein seliges, das blendet und verschwendet
an dieses atemlose blinde Spiel.


SPANISCHE TÄNZERIN


Wie in der Hand ein Schwefelzündholz, weiß,
eh es zur Flamme kommt, nach allen Seiten
zuckende Zungen streckt—: beginnt im Kreis
naher Beschauer hastig, hell und heiß
ihr runder Tanz sich zuckend auszubreiten.

Und plötzlich ist er Flamme ganz und gar.

Mit ihrem Blick entzündet sie ihr Haar
und dreht auf einmal mit gewagter Kunst
ihr ganzes Kleid in diese Feuersbrunst,
aus welcher sich, wie Schlangen, die erschrecken,
die nackten Arme wach und klappernd strecken.

Und dann: als würde ihr das Feuer knapp,
nimmt sie es ganz zusamm und wirft es ab
sehr herrisch, mit hochmütiger Gebärde
und schaut: da liegt es rasend auf der Erde
und flammt noch immer und ergibt sich nicht—.
Doch sieghaft, sicher und mit einem süßen
grüßenden Lächeln hebt sie ihr Gesicht
und stampft es aus mit kleinen festen Füßen.

DER TURM

TOUR ST.-NICOLAS, FURNES


Erdinneres. Als wäre dort, wohin
du blindlings steigst, erst Erdenoberfläche,
zu der du steigst im schrägen Bett der Bäche,
die langsam aus dem suchenden Gerinn

der Dunkelheit entsprungen sind, durch die
sich dein Gesicht, wie auferstehend, drängt
und die du plötzlich *siehst*, als fiele sie
aus diesem Abgrund, der dich überhängt

und den du, wie er riesig über dir
sich umstürzt in dem dämmernden Gestühle,
erkennst, erschreckt und fürchtend, im Gefühle:
o wenn er steigt, behängen wie ein Stier—:

Da aber nimmt dich aus der engen Endung
windiges Licht. Fast fliegend siehst du hier
die Himmel wieder, Blendung über Blendung,
und dort die Tiefen, wach und voll Verwendung,

und kleine Tage wie bei Patenier,
gleichzeitige, mit Stunde neben Stunde,
durch die die Brücken springen wie die Hunde,
dem hellen Wege immer auf der Spur,
den unbeholfne Häuser manchmal nur
verbergen, bis er ganz im Hintergründe
beruhigt geht durch Buschwerk und Natur.



DER PLATZ

FURNES


Willkürlich von Gewesnem ausgeweitet:

von Wut und Aufruhr, von dem Kunterbunt,
das die Verurteilten zu Tod begleitet,
von Buden, von der Jahrmarktsrufer Mund,
und von dem Herzog, der vorüberreitet,
und von dem Hochmut von Burgund,

(auf allen Seiten Hintergrund):

ladet der Platz zum Einzug seiner Weite
die fernen Fenster unaufhörlich ein,
während sich das Gefolge und Geleite
der Leere langsam an den Handelsreihn

verteilt und ordnet. In die Giebel steigend,
wollen die kleinen Häuser alles sehn,
die Türme voreinander scheu verschweigend,
die immer maßlos hinter ihnen stehn.


QUAI DU ROSAIRE

BRÜGGE


Die Gassen haben einen sachten Gang
(wie manchmal Menschen gehen im Genesen
nachdenkend: was ist früher hier gewesen?)
und die an Plätze kommen, warten lang

auf eine andre, die mit einem Schritt
über das abendklare Wasser tritt,
darin, je mehr sich rings die Dinge mildern,
die eingehängte Welt von Spiegelbildern
so wirklich wird, wie diese Dinge nie.

Verging nicht diese Stadt? Nun siehst du, wie
(nach einem unbegreiflichen Gesetz)
sie wach und deutlich wird im Umgestellten,
als wäre dort das Leben nicht so selten;

dort hängen jetzt die Gärten groß und gelten,
dort dreht sich plötzlich hinter schnell erhellten
Fenstern der Tanz in den Estaminets.

Und oben blieb?—Die Stille nur, ich glaube,
und kostet langsam und von nichts gedrängt
Beere um Beere aus der süßen Traube
des Glockenspiels, das in den Himmeln hängt.


BÉGUINAGE

BÉGUINAGE SAINTE-ELISABETH.BRÜGGE

I

Das hohe Tor scheint keine einzuhalten,
die Brücke geht gleich gerne hin und her,
und doch sind sicher alle in dem alten
offenen Ulmenhof und gehn nicht mehr
aus ihren Häusern, als auf jenem Streifen
zur Kirche hin, um besser zu begreifen,
warum in ihnen so viel Liebe war.

Dort knieen sie, verdeckt mit reinem Leinen
so gleich, als wäre nur das Bild der einen
tausendmal im Choral, der tief und klar
zu Spiegeln wird an den verteilten Pfeilern;
und ihre Stimmen gehn den immer steilern
Gesang hinan und werfen sich von dort,
wo es nicht weitergeht, vom letzten Wort,
den Engeln zu, die sie nicht wiedergeben.

Drum sind die unten, wenn sie sich erheben
und wenden, still. Drum reichen sie sich schweigend
mit einem Neigen, Zeigende zu zeigend
Empfangenden, geweihtes Wasser, das
die Stirnen kühl macht und die Munde blaß.

Und gehen dann, verhangen und verhalten,
auf jenem Streifen wieder überquer—
die Jungen ruhig, ungewiß die Alten
und eine Greisin, weilend, hinterher—
zu ihren Häusern, die sie schnell verschweigen
und die sich durch die Ulmen hin von Zeit
zu Zeit ein wenig reine Einsamkeit,
in einer kleinen Scheibe schimmernd, zeigen.


II


Was aber spiegelt mit den tausend Scheiben
das Kirchenfenster in den Hof hinein,
darin sich Schweigen, Schein und Widerschein
vermischen, trinken, trüben, übertreiben,
phantastisch alternd wie ein alter Wein?

Dort legt sich, keiner weiß von welcher Seite,
Außen auf Inneres und Ewigkeit
auf Immer-Hingehn, Weite über Weite,
erblindend, finster, unbenutzt, verbleit.

Dort bleibt, unter dem schwankenden Dekor
des Sommertags, das Graue alter Winter:
als stünde regungslos ein sanftgesinnter
langmütig lange Wartender dahinter
und eine weinend Wartende davor.


DIE MARIENPROZESSION

GENT


Aus allen Türmen stürzt sich, Fluß um Fluß,
hinwallendes Metall in solchen Massen,

als sollte drunten in der Form der Gassen
ein blanker Tag erstehn aus Bronzeguß,

an dessen Rand, gehämmert und erhaben,
zu sehen ist der buntgebundne Zug
der leichten Mädchen und der neuen Knaben,
und wie er Wellen schlug und trieb und trug,
hinabgehalten von dem ungewissen
Gewicht der Fahnen und von Hindernissen
gehemmt, unsichtbar wie die Hand des Herrn;

und drüben plötzlich beinah mitgerissen
vom Aufstieg aufgescheuchter Räucherbecken,
die fliegend, alle sieben, wie im Schrecken
an ihren Silberketten zerrn.

Die Böschung Schauender umschließt die Schiene,
in der das alles stockt und rauscht und rollt:
das Kommende, das Chryselephantine,
aus dem sich zu Balkonen Baldachine
aufbäumen, schwankend im Behang von Gold.

Und sie erkennen über all dem Weißen,
getragen und im spanischen Gewand,
das alte Standbild mit dem kleinen heißen
Gesichte und dem Kinde auf der Hand
und knieen hin, je mehr es naht und naht,
in seiner Krone ahnungslos veraltend
und immer noch das Segnen hölzern haltend
aus dem sich groß gebärdenden Brokat.

Da aber, wie es an den Hingeknieten
vorüberkommt, die scheu von unten schaun,
da scheint es seinen Trägern zu gebieten
mit einem Hochziehn seiner Augenbraun,
hochmütig, ungehalten und bestimmt:
so daß sie staunen, stehn und überlegen
und schließlich zögernd gehn. Sie aber nimmt

in sich die Schritte dieses ganzen Stromes
und geht, allein, wie auf erkannten Wegen
dem Glockendonnern des großoffnen Domes

auf hundert Schultern frauenhaft entgegen.

DIE INSEL

NORDSEE

I

Die nächste Flut verwischt den Weg im Watt,
und alles wird auf allen Seiten gleich;
die kleine Insel draußen aber hat
die Augen zu; verwirrend kreist der Deich

um ihre Wohner, die in einen Schlaf
geboren werden, drin sie viele Welten
verwechseln schweigend; denn sie reden selten,
und jeder Satz ist wie ein Epitaph

für etwas Angeschwemmtes, Unbekanntes,
das unerklärt zu ihnen kommt und bleibt.
Und so ist alles, was ihr Blick beschreibt,

von Kindheit an: nicht auf sie Angewandtes,
zu Großes, Rücksichtsloses, Hergesandtes,
das ihre Einsamkeit noch übertreibt.

II

Als läge er in einem Kraterkreise
auf einem Mond: ist jeder Hof umdämmt,
und drin die Gärten sind auf gleiche Weise
gekleidet und wie Waisen gleich gekämmt

von jenem Sturm, der sie so rauh erzieht

und tagelang sie bange macht mit Toden.
Dann sitzt man in den Häusern drin und sieht
in schiefen Spiegeln, was auf den Kommoden

Seltsames steht. Und einer von den Söhnen
tritt abends vor die Tür und zieht ein Tönen
aus der Harmonika wie Weinen weich;

so hörte ers in einem fremden Hafen—.
Und draußen formt sich eines von den Schafen
ganz groß, fast drohend, auf dem Außendeich.


III


Nah ist nur Innres; alles andre fern.
Und dieses Innere gedrängt und täglich
mit allem überfüllt und ganz unsäglich.
Die Insel ist wie ein zu kleiner Stern,

welchen der Raum nicht merkt und stumm zerstört
in seinem unbewußten Furchtbarsein,
so daß er, unerhellt und überhört,
allein,

damit dies alles doch ein Ende nehme,
dunkel auf einer selbsterfundnen Bahn
versucht zu gehen, blindlings, nicht im Plan
der Wandelsterne, Sonnen und Systeme.


HETÄRENGRÄBER


In ihren langen Haaren liegen sie
mit braunen, tief in sich gegangenen Gesichtern.
Die Augen zu wie vor zu vieler Ferne.
Skelette, Munde, Blumen. In den Munden

die glatten Zähne wie ein Reiseschachspiel
aus Elfenbein in Reihen aufgestellt.
Und Blumen, gelbe Perlen, schlanke Knochen,
Hände und Hemden, welkende Gewebe
über dem eingestürzten Herzen. Aber
dort unter jenen Ringen, Talismanen
und augenblauen Steinen (Lieblings-Angedenken)
steht noch die stille Krypta des Geschlechtes,
bis an die Wölbung voll mit Blumenblättern.
Und wieder gelbe Perlen, weitverrollte,—
Schalen gebrannten Tones, deren Bug
ihr eignes Bild geziert hat, grüne Scherben
von Salbenvasen, die wie Blumen duften,
und Formen kleiner Götter: Hausaltäre,
Hetärenhimmel mit entzückten Göttern.
Gesprengte Gürtel, flache Skarabäen,
kleine Figuren riesigen Geschlechtes,
ein Mund, der lacht, und Tanzende und Läufer,
goldene Fibeln, kleinen Bogen ähnlich
zur Jagd auf Tier- und Vogelamulette,
und lange Nadeln, zieres Hausgeräte
und eine runde Scherbe roten Grundes,
darauf, wie eines Eingangs schwarze Aufschrift,
die straffen Beine eines Viergespannes.
Und wieder Blumen, Perlen, die verrollt sind,
die hellen Lenden einer kleinen Leier,
und zwischen Schleiern, die gleich Nebeln fallen,
wie ausgekrochen aus des Schuhes Puppe:
des Fußgelenkes leichter Schmetterling.

So liegen sie mit Dingen angefüllt,
kostbaren Dingen, Steinen, Spielzeug, Hausrat,
zerschlagnem Tand (was alles in sie abfiel),
und dunkeln wie der Grund von einem Fluß.

Flußbetten waren sie,
darüber hin in kurzen schnellen Wellen
(die weiter wollten zu dem nächsten Leben)
die Leiber vieler Jünglinge sich stürzten
und in denen der Männer Ströme rauschten.
Und manchmal brachen Knaben aus den Bergen
der Kindheit, kamen zagen Falles nieder

und spielten mit den Dingen auf dem Grunde,
bis das Gefälle ihr Gefühl ergriff:

Dann füllten sie mit flachem klaren Wasser
die ganze Breite dieses breiten Weges
und trieben Wirbel an den tiefen Stellen;
und spiegelten zum erstenmal die Ufer
und ferne Vogelrufe, während hoch
die Sternennächte eines süßen Landes
in Himmel wuchsen, die sich nirgends schlossen.


ORPHEUS. EURYDIKE. HERMES


Das war der Seelen wunderliches Bergwerk.
Wie stille Silbererze gingen sie
als Adern durch sein Dunkel. Zwischen Wurzeln
entsprang das Blut, das fortgeht zu den Menschen,
und schwer wie Porphyr sah es aus im Dunkel.
Sonst war nichts Rotes.

Felsen war da
und wesenlose Wälder. Brücken über Leeres
und jener große, graue, blinde Teich,
der über seinem fernen Grunde hing
wie Regenhimmel über einer Landschaft.
Und zwischen Wiesen, sanft und voller Langmut,
erschien des einen Weges blasser Streifen
wie eine lange Bleiche hingelegt.

Und dieses einen Weges kamen sie.

Voran der schlanke Mann im blauen Mantel,
der stumm und ungeduldig vor sich aussah.
Ohne zu kauen fraß sein Schritt den Weg
in großen Bissen; seine Hände hingen
schwer und verschlossen aus dem Fall der Falten
und wußten nicht mehr von der leichten Leier,
die in die Linke eingewachsen war

wie Rosenranken in den Ast des Ölbaums.
Und seine Sinne waren wie entzwei:

indes der Blick ihm wie ein Hund vorauslief,
umkehrte, kam und immer wieder weit
und wartend an der nächsten Wendung stand,—
blieb sein Gehör wie ein Geruch zurück.
Manchmal erschien es ihm, als reichte es
bis an das Gehen jener beiden andern,
die folgen sollten diesen ganzen Aufstieg.
Dann wieder wars nur seines Steigens Nachklang
und seines Mantels Wind, was hinter ihm war.
Er aber sagte sich, sie kämen doch;
sagte es laut und hörte sich verhallen.
Sie kämen doch, nur wärens zwei,
die furchtbar leise gingen. Dürfte er
sich einmal wenden (wäre das Zurückschaun
nicht die Zersetzung dieses ganzen Werkes,
das erst vollbracht wird), müßte er sie sehen,
die beiden Leisen, die ihm schweigend nachgehn:

den Gott des Ganges und der weiten Botschaft,
die Reischaube über hellen Augen,
den schlanken Stab hertragend vor dem Leibe
und flügelschlagend an den Fußgelenken;
und seiner linken Hand gegeben: *sie.*
Die So-geliebte, daß aus einer Leier
mehr Klage kam als je aus Klagefrauen;
daß eine Welt aus Klage ward, in der
alles noch einmal da war: Wald und Tal
und Weg und Ortschaft, Feld und Fluß und Tier;
und daß um diese Klage-Welt ganz so
wie um die andre Erde eine Sonne
und ein gestirnter stiller Himmel ging,
ein Klage-Himmel mit entstellten Sternen—:
diese So-geliebte.

Sie aber ging an jenes Gottes Hand,
den Schritt beschränkt von langen Leichenbändern,
unsicher, sanft und ohne Ungeduld.
Sie war in sich wie eine hoher Hoffnung
und dachte nicht des Mannes, der voranging,

und nicht des Weges, der ins Leben aufstieg.
Sie war in sich. Und ihr Gestorbensein
erfüllte sie wie Fülle.
Wie eine Frucht von Süßigkeit und Dunkel,
so war sie voll von ihrem großen Tode,
der also neu war, daß sie nichts begriff.

Sie war in einem neuen Mädchentum
und unberührbar; ihr Geschlecht war zu
wie eine junge Blume gegen Abend,
und ihre Hände waren der Vermählung
so sehr entwöhnt, daß selbst des leichten Gottes
unendlich leise leitende Berührung
sie kränkte wie zu sehr Vertraulichkeit.

Sie war schon nicht mehr diese blonde Frau,
die in des Dichters Liedern manchmal anklang,
nicht mehr des breiten Bettes Duft und Eiland
und jenes Mannes Eigentum nicht mehr.
Sie war schon aufgelöst wie langes Haar
und hingegeben wie gefallner Regen
und ausgeteilt wie hundertfacher Vorrat.

Sie war schon Wurzel.
Und als plötzlich jäh
der Gott sie anhielt und mit Schmerz im Ausruf
die Worte sprach: Er hat sich umgewendet
begriff sie nichts und sagte leise: Wer?

Fern aber, dunkel vor dem klaren Ausgang,
stand irgend jemand, dessen Angesicht
nicht zu erkennen war. Er stand und sah,
wie auf dem Streifen eines Wiesenpfades
mit trauervollem Blick der Gott der Botschaft
sich schweigend wandte, der Gestalt zu folgen,
die schon zurückging dieses selben Weges,
den Schritt beschränkt von langen Leichenbändern,
unsicher, sanft und ohne Ungeduld.

## ALKESTIS

Da plötzlich war der Bote unter ihnen,
hineingeworfen in das Überkochen
des Hochzeitsmahles wie ein neuer Zusatz.
Sie fühlten nicht, die Trinkenden, des Gottes
heimlichen Eintritt, welcher seine Gottheit
so an sich hielt wie einen nassen Mantel
und ihrer einer schien, der oder jener,
wie er so durchging. Aber plötzlich sah
mitten im Sprechen einer von den Gästen
den jungen Hausherrn oben an dem Tische
wie in die Höh gerissen, nicht mehr liegend
und überall und mit dem ganzen Wesen
ein Fremdes spiegelnd, das ihn furchtbar ansprach.
Und gleich darauf, als klärte sich die Mischung,
war Stille; nur mit einem Satz am Boden
von trübem Lärm und einem Niederschlag
fallenden Lallens, schon verdorben riechend
nach dumpfem umgestandenen Gelächter.
Und da erkannten sie den schlanken Gott,
und wie er dastand, innerlich voll Sendung
und unerbittlich,—wußten sie es beinah.
Und doch, als es gesagt war, war es mehr
als alles Wissen, gar nicht zu begreifen.
Admet muß sterben. Wann? In dieser Stunde.

Der aber brach die Schale seines Schreckens
in Stücken ab und streckte seine Hände
heraus aus ihr, um mit dem Gott zu handeln.
Um Jahre, um ein einzig Jahr noch Jugend,
um Monate, um Wochen, um paar Tage,
ach, Tage nicht, um Nächte, nur um eine,
um eine Nacht, um diese nur: um die.
Der Gott verneinte, und da schrie er auf
und schrie's hinaus und hielt es nicht und schrie,
wie seine Mutter aufschrie beim Gebären.

Und die trat zu ihm, eine alte Frau,
und auch der Vater kam, der alte Vater,
und beide standen, alt, veraltet, ratlos,

beim Schreienden, der plötzlich, wie noch nie
so nah, sie ansah, abbrach, schluckte, sagte:
Vater,
liegt dir denn viel daran an diesem Rest,
an diesem Satz, der dich beim Schlingen hindert?
Geh, gieß ihn weg. Und du, du alte Frau,
Matrone,
was tust du denn noch hier: du hast geboren.
Und beide hielt er sie wie Opfertiere
in einem Griff. Auf einmal ließ er los
und stieß die Alten fort, voll Einfall, strahlend
und atemholend, rufend: Kreon, Kreon!
Und nichts als das; und nichts als diesen Namen.
Aber in seinem Antlitz stand das andere,
das er nicht sagte, namenlos erwartend,
wie ers dem jungen Freunde, dem Geliebten,
erglühend hinhielt übern wirren Tisch.

Die Alten (stand da), siehst du, sind kein Loskauf,
sie sind verbraucht und schlecht und beinah wertlos,
du aber, du, in deiner ganzen Schönheit—

Da aber sah er seinen Freund nicht mehr.
Er blieb zurück, und das, was kam, war sie,
ein wenig kleiner fast, als er sie kannte,
und leicht und traurig in dem bleichen Brautkleid.
Die andern alle sind nur ihre Gasse,
durch die sie kommt und kommt—: (gleich wird sie da sein
in seinen Armen, die sich schmerzhaft auftun).
Doch wie er wartet, spricht sie; nicht zu ihm.
Sie spricht zum Gotte, und der Gott vernimmt sie,
und alle hörens gleichsam erst im Gotte:

Ersatz kann keiner für ihn sein. Ich bins.
Ich bin Ersatz. Denn keiner ist zu Ende,
wie ich es bin. Was bleibt mir denn von dem,
was ich hier war? Das *ists* ja, daß ich sterbe.
Hat sie dirs nicht gesagt, da sie dirs auftrug,
daß jenes Lager, das da drinnen wartet,
zur Unterwelt gehört? Ich nahm ja Abschied.
Abschied über Abschied.
Kein Sterbender nimmt mehr davon. Ich ging ja,

damit das alles, unter dem begraben,
der jetzt mein Gatte ist, zergeht, sich auflöst—.
So für mich hin: ich sterbe ja für ihn.

Und wie der Wind auf hoher See, der umspringt,
so trat der Gott fast wie zu einer Toten
und war auf einmal weit von ihrem Gatten,
dem er, versteckt in einem kleinen Zeichen,
die hundert Leben dieser Erde zuwarf.
Der stürzte taumelnd zu den beiden hin
und griff nach ihnen wie im Traum. Sie gingen
schon auf den Eingang zu, in dem die Frauen
verweint sich drängten. Aber einmal sah
er noch des Mädchens Antlitz, das sich wandte
mit einem Lächeln, hell wie eine Hoffnung,
die beinah ein Versprechen war: erwachsen
zurückzukommen aus dem tiefen Tode
zu ihm, dem Lebenden—

Da schlug er jäh
die Hände vors Gesicht, wie er so kniete,
um nichts zu sehen mehr nach diesem Lächeln.


## GEBURT DER VENUS


An diesem Morgen nach der Nacht, die bang
vergangen war mit Rufen, Unruh, Aufruhr,—
brach alles Meer noch einmal auf und schrie.
Und als der Schrei sich langsam wieder schloß
und von der Himmel blassem Tag und Anfang
herabfiel in der stummen Fische Abgrund—:
gebar das Meer.

Von erster Sonne schimmerte der Haarschaum
der weiten Wogenscham, an deren Rand
das Mädchen aufstand, weiß, verwirrt und feucht.
So wie ein junges grünes Blatt sich rührt,
sich reckt und Eingerolltes langsam aufschlägt,

entfaltete ihr Leib sich in die Kühle
hinein und in den unberührten Frühwind.

Wie Monde stiegen klar die Kniee auf
und tauchten in der Schenkel Wolkenränder;
der Waden schmaler Schatten wich zurück,
die Füße spannten sich und wurden licht,
und die Gelenke lebten wie die Kehlen
von Trinkenden.

Und in dem Kelch des Beckens lag der Leib
wie eine junge Frucht in eines Kindes Hand.
In seines Nabels engem Becher war
das ganze Dunkel dieses hellen Lebens.

Darunter hob sich licht die kleine Welle
und floß beständig über nach den Lenden,
wo dann und wann ein stilles Rieseln war.
Durchschienen aber und noch ohne Schatten,
wie ein Bestand von Birken im April,
warm, leer und unverborgen lag die Scham.

Jetzt stand der Schultern rege Wage schon
im Gleichgewichte auf dem graden Körper,
der aus dem Becken wie ein Springbrunn aufstieg
und zögernd in den langen Armen abfiel
und rascher in dem vollen Kall des Haars.

Dann ging sehr langsam das Gesicht vorbei:
aus dem verkürzten Dunkel seiner Neigung
in klares, wagrechtes Erhobensein.
Und hinter ihm verschloß sich steil das Kinn.

Jetzt, da der Hals gestreckt war wie ein Strahl
und wie ein Blumenstiel, darin der Saft steigt,
streckten sich auch die Arme aus wie Hälse
von Schwänen, wenn sie nach dem Ufer suchen.

Dann kam in dieses Leibes dunkle Frühe
wie Morgenwind der erste Atemzug.
Im zartesten Geäst der Aderbäume
entstand ein Flüstern, und das Blut begann

zu rauschen über seinen tiefen Stellen.
Und dieser Wind wuchs an: nun warf er sich
mit allem Atem in die neuen Brüste
und füllte sie und drückte sich in sie,—
daß sie wie Segel, von der Ferne voll,
das leichte Mädchen nach dem Strande drängten.

So landete die Göttin.

Hinter ihr,
die rasch dahinschritt durch die jungen Ufer,
erhoben sich den ganzen Vormittag
die Blumen und die Halme, warm, verwirrt
wie aus Umarmung. Und sie ging und lief.

Am Mittag aber, in der schwersten Stunde,
hob sich das Meer noch einmal auf und warf
einen Delphin an jene selbe Stelle.
Tot, rot und offen.


DIE ROSENSCHALE


Zornige sahst du flackern, sahst zwei Knaben
zu einem Etwas sich zusammenballen,
das Haß war und sich auf der Erde wälzte
wie ein von Bienen überfallnes Tier;
Schauspieler, aufgetürmte Übertreiber,
rasende Pferde, die zusammenbrachen,
den Blick wegwerfend, bläkend das Gebiß,
als schälte sich der Schädel aus dem Maule.

Nun aber weißt du, wie sich das vergißt:
denn vor dir steht die volle Rosenschale,
die unvergeßlich ist und angefüllt
mit jenem Äußersten von Sein und Neigen,
Hinhalten, Niemals-Gebenkönnen, Dastehn,
das unser sein mag: Äußerstes auch uns.

Lautloses Leben, Aufgehn ohne Ende,
Raum-brauchen, ohne Raum von jenem Raum
zu nehmen, den die Dinge rings verringern,
fast nicht Umrissen-sein wie Ausgespartes
und lauter Inneres, viel seltsam Zartes
und Sich-bescheinendes bis an den Rand:
ist irgend etwas uns bekannt wie dies?
Und dann wie dies: daß ein Gefühl entsteht,
weil Blütenblätter Blütenblätter rühren?

Und dies: daß eins sich aufschlägt wie ein Lid,
und drunter liegen lauter Augenlider,
geschlossene, als ob sie zehnfach schlafend
zu dämpfen hätten eines Innern Sehkraft.
Und dies vor allem: daß durch diese Blätter
das Licht hindurch muß. Aus den tausend Himmeln
filtern sie langsam jeden Tropfen Dunkel,
in dessen Feuerschein das wirre Bündel
der Staubgefäße sich erregt und aufbäumt.

Und die Bewegung in den Rosen, sieh:
Gebärden von so kleinem Ausschlagswinkel,
daß sie unsichtbar blieben, liefen ihre
Strahlen nicht auseinander in das Weltall.

Sieh jene weiße, die sich selig aufschlug
und dasteht in den großen offnen Blättern
wie eine Venus aufrecht in der Muschel;
und die errötende, die wie verwirrt
nach einer kühlen sich hinüberwendet,
und wie die kühle fühllos sich zurückzieht,
und wie die kalte steht, in sich gehüllt,
unter den offenen, die alles abtun.
Und *was* sie abtun, wie das leicht und schwer,
wie es ein Mantel, eine Last, ein Flügel
und eine Maske sein kann, je nachdem,
und *wie* sie's abtun: wie vor dem Geliebten.

Was können sie nicht sein: war jene gelbe,
die hohl und offen daliegt, nicht die Schale
von einer Frucht, darin dasselbe Gelb,
gesammelter, orangeröter, Saft war?

Und wars für diese schon zu viel, das Aufgehn,
weil an der Luft ihr namenloses Rosa
den bittern Nachgeschmack des Lila annahm?
Und die batistene, ist sie kein Kleid,
in dem noch zart und atemwarm das Hemd steckt,
mit dem zugleich es abgeworfen wurde
im Morgenschatten an dem alten Waldbad?
Und dieses hier, opalnes Porzellan,
zerbrechlich, eine flache Chinatasse
und angefüllt mit kleinen hellen Faltern,—
und jene da, die nichts enthält als sich?

Und sind nicht alle so, nur sich enthaltend,
wenn Sich-enthalten heißt: die Welt da draußen
und Wind und Regen und Geduld des Frühlings
und Schuld und Unruh und vermummtes Schicksal
und Dunkelheit der abendlichen Erde
bis auf der Wolken Wandel, Flucht und Anflug,
bis auf den vagen Einfluß ferner Sterne
in eine Hand voll Innres zu verwandeln?

Nun liegt es sorglos in den offnen Rosen.